Für meine Tochter Leonie

DER BLICK VON OBEN

Ostholstein und die Holsteinische Schweiz

Luftbilder von Matthias Friedel und Texte von Eckhard Meier

CONVENT VERLAG

Inhalt

Einleitung 7

Die Zentren des Binnenlandes 8

Die „Perlen" der Holsteinischen Schweiz 28

Die Ostseebäder – von familär bis mondän 48

Der „Knust" – Deutschlands Sonneninsel 66

Ortsregister, Fotonachweis, Impressum 80

Einleitung

Urlaub hieß noch Sommerfrische – und leisten konnten sich so etwas nur die Reichen: Doch auch schon Ende des 19. Jahrhunderts gab es voraus schauende Unternehmer, die den Reiz einer Landschaft nicht nur zu genießen, sondern auch zu nutzen wussten. Der Eutiner Kaufmann Johannes Janus trägt die Verantwortung dafür, dass immer mehr Reisende seitdem im hohen Norden Deutschlands nach Bergen suchen, die es gar nicht gibt. 1885 gründete er am Steilufer des Kellersees ein Hotel – und nannte es „Holsteinische Schweiz". Aus der einstigen Nobelherberge ist längst die Landesfinanzschule geworden. Doch der alte Name überlebte die Wirren der Zeit und geriet zum Markenzeichen für eine ganze Region, trotz der alles andere als alpinen Topografie. Das so werbewirksam bezeichnete Gebiet wuchs im Laufe der Jahrzehnte über sich hinaus, und zwar räumlich wie wirtschaftlich. Immer mehr Gemeinden und Städte profitieren vom positiven Image einer Gegend, die ihre Ursprünglichkeit weitgehend bewahrt hat. Völlig frei von jeder Romantik bezeichnen ostholsteinische Kommunalpolitiker ihren Wirkungsraum gern als „fremdenverkehrsintensivsten Kreis der Bundesrepublik". Zu Recht, denn in jedem Jahr verdoppelt sich während der Saison die Einwohnerzahl. Was den geschäftstüchtigen Hotelier Janus seinerzeit an den Lebensraum der Eidgenossen erinnerte, stellt auch ohne schwindelnde Gesteinshöhen nach wie vor Urlauber aus aller Herren Länder zufrieden: Tiefe Wälder, glitzernde Seen – gekrönt von einer Hügellandschaft mit einem einzelnen Gipfel von 168 Meter Höhe, dem Bungsberg. Und als wäre das alles nicht genug, wird das Ganze noch von der Ostsee geradezu eingerahmt. Entsprechend selbstbewusst sind die Einwohner. Davon künden Aufkleber auf so manchem Auto: „Ich lebe dort, wo andere Urlaub machen!" Oder ein Stück chauvinistischer: „Mehr als Holsteiner kann der Mensch nicht werden." Dem ist nichts hinzu zu fügen. Start frei also zum Rundflug über den nördlichsten Schweiz-Ableger.

Die Zentren des Binnenlandes

Rosenstadt, Weimar des Nordens, Heilklimatischer Kurort – und Hauptstadt des Kreises Ostholstein: Eutin hat viele Namen. Die gute Stube ist der Marktplatz (rechts), das imposante Viereck zwischen Kirche und Rathaus mit seinen gepflegten Gaststätten und modernen Geschäften. Am oberen Bildrand deutlich zu erkennen die Stolbergstraße – eine der ältesten in der Stadt mit vielen historischen, aufwändig restaurierten Häusern. Die Fußgängerzone stammt aus den siebziger Jahren und zählt damit zu den frühesten Flaniermeilen dieser Art im Lande. Als Schokoladenseite ihrer schönen Stadt bezeichnen die Bürger die „Stadtbucht" (oben) mit dem Haus des Gastes und dem Anlegesteg der Seerundfahrt. Weil der Komponist Carl Maria von Weber in Eutin geboren wurde, trägt das weiße Motorschiff natürlich den Namen seiner berühmtesten Oper: „Freischütz".

DIE ZENTREN DES BINNENLANDES — Eutin

Eutin von seiner schönsten Seite – aus der Luft. Eine solche Perspektive lässt erahnen, dass dieser Kurort viel mehr ist als eine Zwischenstation auf dem Weg nach Skandinavien. Wer alle architektonischen Feinheiten erkunden, in die Historie der Stadt eintauchen oder schlichtweg nur ausgiebig wandern möchte, kommt mit ein paar Tagen Urlaub nicht aus. Vor dem Schloss in der oberen Bildmitte ist das kulturelle Zentrum deutlich zu erkennen: Das Ostholstein-Museum, die Kreisbibliothek und die über die Grenzen hinaus renommierte Landesbibliothek mit ihrer einmaligen Sammlung historischer Reiseliteratur. Diese ist in dem kleineren „Kavalierhaus" zwischen den beiden langgestreckten anderen Gebäuden untergebracht. Die Bausünden der späten sechziger und frühen siebziger Jahre hat man in Eutin inzwischen weitgehend beseitigt oder zumindest so kaschiert, dass sie den wertvollen Stadtkern nicht mehr stören. Am linken Bildrand liegt das städtische Gymnasium, das wie so vieles in Eutin an Carl Maria von Weber erinnert: Es wurde nach ihm benannt.

12 Die Freilicht-Bühne   DIE ZENTREN DES BINNENLANDES

DIE ZENTREN DES BINNENLANDES • *Das Eutiner Schloss* • **13**

Das am häufigsten fotografierte Gebäude Eutins ist das Schloss der Herzöge von Oldenburg. Seit dem Herbst 1997 sind die meisten der Innenräume wieder als Museum zu besichtigen – nach einer jahrelangen und millionenschweren Sanierungsaktion. Innerhalb kürzester Zeit entwickelte sich die großzügige Anlage zu einem Publikumsmagneten erster Güte. Zu bestaunen gibt es für die auf überdimensionierten Filzpantoffeln über den Holzfußboden rutschenden Gäste feinste Stuckarbeiten aus der Zeit um 1720, Kachelöfen, wertvolle Fayencen und mächtige Schiffsmodelle hinter Glas, die einst dem russischen Zaren gehörten. Zum Ensemble zählt der Schlossgarten mit seiner prächtigen Lindenallee (im Vordergrund) und einer Gestaltung, die ihresgleichen in Deutschland sucht. Auf dem Foto links zeigt sich die Bühnen- und Tribünenanlage der Eutiner Festspiele in ganzer Ausdehnung. Sechs Wochen lang finden hier seit über 50 Jahren in jedem Sommer Opernaufführungen statt, die den Ruf der Geburtsstadt Webers als Kulturzentrum gefestigt haben. Bis zu 45 000 Besucher kommen in jeder Spielzeit hierher.

Lensahn/Oldenburg

DIE ZENTREN DES BINNENLANDES

Oldenburg als Zentrum der Halbinsel Wagrien war eine stolze Kreisstadt, bis 1970 die Gebietsreform kam und der Sitz der Verwaltung an Eutin fiel. Aus den Kreisen Oldenburg und Eutin entstand der Kreis Ostholstein, und seitdem profitiert die gesamte Region im Nordosten durch die Namensähnlichkeit ein bisschen vom Glanz der Holsteinischen Schweiz, die ein paar Kilometer weiter am Bungsberg beginnt. Von der unteren Bildmitte schlängelt sich die Schuhstraße in Richtung Kirche. Hier herrscht nach wie vor reges geschäftliches Treiben. Das kleine Bild links unten zeigt Oldenburgs wohl größte Attraktion – das Wallmuseum, in dem die Besucher viel über die slawische Vergangenheit Wagriens erfahren können. Darüber ein Blick von oben auf Lensahn, ein zu fast städtischer Größe gewachsenes Dorf, das den stolzen Beinamen „Waldort" führt. Zur Infrastruktur tragen nicht nur ein modernes Freischwimmbad (links) und großzügige Sportanlagen bei, sondern auch einer der für Ostholsteins Landschaft so typisch gewordenen Windparks (oben rechts).

Lütjenburg

DIE ZENTREN DES BINNENLANDES

Seit 1275 hat Lütjenburg im Norden der Holsteinischen Schweiz das Stadtrecht – und sich bei aller Ausdehnung seine Gemütlichkeit bewahrt. Mit großem finanziellem Einsatz und dem Streben nach historischer Detailtreue wurde die Stadt am Fuße des 78 Meter hohen Vogelbergs in den vergangenen Jahrzehnten fit gemacht für die Anforderungen der modernen Tourismuswirtschaft. Denn das Geschäft mit den Urlaubern ist für die Lütjenburger zum wichtigen Wirtschaftszweig geworden, zumal die Bedeutung der traditionellen Landwirtschaft nachgelassen hat – auch wenn es immer noch große Speicheranlagen gibt (rechts unten). Der Marktplatz direkt neben der mächtigen Kirche (Bildmitte) gilt als Kommunikationszentrum für jung und alt. Zwei Steinwürfe vom Gotteshaus entfernt liegt das hoch aufragende und stadtbildprägende Gebäude der Korn-Brennerei D.H. Boll, einer alteingesessenen Spirituosenfabrik. Das eigentliche Wahrzeichen Lütjenburgs aber ist der Bismarckturm (ganz rechts Bildmitte), mit seinen 18 Metern Backstein auf dem 78 Meter hohen Vogelberg ein beliebtes Ausflugsziel für alle, die nicht fliegen, aber dennoch hoch hinaus wollen.

Bad Malente-Gremsmühlen

DIE ZENTREN DES BINNENLANDES

In Plön (oben rechts) mussten die Straßenbauer die Trasse der Bundesstraße 76 auf Stelzen durch die Seenplatte führen, um den immer stärker werdenden Verkehr aus der Innenstadt heraus zu halten. Plöns Wahrzeichen, das 1633 erbaute Schloss, präsentierte sich lange Zeit wie ein Werk des Verpackungskünstlers Christo – hinter weißen Planen versteckt: Der deutsche Brillen-König Fielmann lässt das vor ein paar Jahren auch gern als Fernsehkulisse genutzte Gebäude zum Schulungszentrum für Optiker umbauen. Auf dem unteren Bild ist die weitläufige Anlage in unverhüllter Pracht zu sehen. Zu den geografischen Zentren der Holsteinischen Schweiz gehört Bad Malente-Gremsmühlen. Das Foto links unten zeigt die Diekseebucht mit dem 1973 entstandenen Hotel Intermar und der Mühlenberg-Klinik (rechts), die bald einem kompletten Neubau Platz machen soll. Links die Uferpromenade, von der aus Spaziergänger an jedem klaren Abend einen atemberaubenden Sonnenuntergang genießen können. Doch der Dieksee ist nicht alles – schließlich wird Malente von Seen geradezu umzingelt. Das Foto links oben zeigt das Kellerseeufer mit der Curtius-Klinik.

Die Plöner Seenplatte von ihrer attraktivsten Seite. Die Vorfahren der heutigen Bewohner mussten ihre Bauplätze dem überreichlich vorhandenen Wasser geradezu abtrotzen. Der geschlängelte, von dichten Bäumen gesäumte Damm führt zur Prinzeninsel, die auch heute noch dem Haus Hohenzollern gehört. Dort vergnügten sich die Söhne Kaiser Wilhelms II. während ihrer Plöner Schulzeit – und wer sich heute auf den Weg von der Innenstadt zur Gaststätte am Ende der Insel macht, kann nachvollziehen, dass sie dort wohl ihren Spaß gehabt haben. Für Plönbesucher gilt ein Spaziergang zur Prinzeninsel als absolutes Muss, zumal die so genannte Insel eigentlich gar keine ist: Vom Plöner Schlosspark aus lässt sich das weit ins Wasser hinausragende Ende bequem und trockenen Fußes erreichen. Belohnt werden die Wanderer mit Bilderbuch-Ausblicken nach Bosau, Dersau und Ascheberg.

Der Koppelsberg

DIE ZENTREN DES BINNENLANDES

Für norddeutsche Verhältnisse ist diese kleine Landzunge, die mit viel Grün ein Stück in den Großen Plöner See hineinragt, eine richtige Hügelkette: Der Koppelsberg trägt seine Bezeichnung zu Recht. Denn die Kapelle mit dem typisch spitzen Turm auf dem höchsten Punkt gilt als weithin sichtbare Landmarke für die Segler auf dem 29 Quadratkilometer großen Gewässer. Wer vom Koppelsberg spricht, meint aber meist nicht die prägnante Örtlichkeit als solche – Koppelsberg ist zum Synonym für einen Jugendtreffpunkt geworden. Der größte Teil des Areals wird von der evangelisch-lutherischen Jugend-, Freizeit- und Bildungsstätte eingenommen. In verschiedenen Bauten neben der Bundesstraße 430, die unmittelbar unter der Kapelle (Bildmitte oben) hinter dem Blätterdach der Bäume versteckt verläuft, gibt es rund 200 Betten für Gäste. Noch einmal die gleiche Menge kann auf reizvoll gelegenen Zeltplätzen Unterkunft finden. Und wenn die Evangelische Landvolkshochschule Koppelsberg mit dem „tollsten Blick und der bestimmt schönsten Umgebung in der ganzen Holsteinischen Schweiz" wirbt, wird wohl niemand wegen Übertreibung Protest einlegen.

DIE ZENTREN DES BINNENLANDES *Der Koppelsberg* 23

Das „Niedersächsische Bauernhaus" auf der Prinzeninsel im Plöner See (linkes Bild) empfängt seine Gäste in unverfälschter ländlicher Atmosphäre – mit schnatternden Gänsen, stolzen Schwänen und einer Reihe weiterer Haustiere. Innerhalb weniger Minuten lassen sich bei einem Rundgang auf dem Uferweg alle Teile des großen Sees überblicken.
Die nächste Station des Fluges ist die Schuster- und Klosterstadt Preetz, die nicht nur bei Kanuten als Geheimtipp gilt: Direkt durch die Stadt fließt die Schwentine, die sich rechts im Bild zum Kirchsee verbreitert. Vom Boot aus lässt sich kaum ermessen, dass sich hinter dem dicht bewachsenen Ufersaum eine quirlige Kleinstadt verbirgt. Der Name Preetz ist vom wendischen Poretz abgeleitet, was soviel heißen soll wie „am Fluss gelegen". Rechts oben am Bildrand führt die viel befahrene Bundesstraße 76 durch den Ort – ein Sorgenkind der Einwohner. Schon bald soll die Lärm- und Abgasbelästigung aber ein Ende haben: Eine Umgehungsstraße befindet sich im Bau. Berühmt geworden ist die Stadt durch das Kloster adeliger Damen, das jahrhundertelang von Benediktinerinnen bewohnt wurde.

Kloster Preetz

Aus der Vogelschau lässt sich nachvollziehen, warum das Kloster Preetz als einer der ruhigsten Orte der ganzen Region gilt. Beschaulich wie in längst vergangenen Zeiten erscheint die weitläufige Anlage, die bereits anfangs des 14. Jahrhunderts als Benediktinerinnenkloster entstand und nach der Reformation in ein Damenstift umgewandelt wurde. Mittelpunkt ist die Klosterkirche, bekannt für ihr besonders wertvolles Chorgestühl. Die erhaltenen Gebäude stammen nach den Erkenntnissen der Geschichtsschreiber nicht mehr aus der Ursprungszeit, sondern sind jüngeren Datums. Ihrer Attraktivität tut dies aber keinen Abbruch. Jede Stiftsdame durfte ihr Haus nach ganz individuellen Plänen bauen – herausgekommen ist eine Sammlung verschiedenster Stilrichtungen, die als weithin einmalig gelten kann. Die Vielfalt erschließt sich beim Blick aus dem Flugzeugfenster ganz besonders deutlich. Gekrönt wird diese kleine Stadt innerhalb der Stadt durch die Kirche am linken Bildrand, die aus der Gründerzeit des Klosters im Mittelalter erhalten blieb und heute mit zahlreichen Kunstwerken die frühere Bedeutung der Anlage belegt.

Die „Perlen" der Holsteinischen Schweiz

Jetzt geht es auf die Reise zu den manchmal kleinen, aber stets sehr feinen Blickfängen der Holsteinischen Schweiz. Und gleich am Beginn könnte sogar bei den Überfliegern Neid aufkommen: Eine Paddeltour auf der Schwentine (Bild oben) gehört bei passender Witterung zu den schönsten Freizeitaktivitäten. Der im Bungsbergraum entspringende Fluss ist überall reizvoll, doch zwischen Plön und Preetz, am Übergang in den Lanker See, bietet das am Ufer gelegene Gut Wahlstorf eine ganz besondere Atmosphäre – mit altehrwürdigen, hervorragend erhaltenen Gebäuden inmitten einer unberührt scheinenden Seenlandschaft. Wer zum Rothenwarder (rechts) im Plöner See will, muss sich schon recht weit ins große Gewässer hinaus trauen. Doch die Ruhe trügt: Das Mini-Eiland ist Refugium für die Vogelwelt, und deshalb sollten sich Entdekker auf das Anschauen per Fernglas beschränken. Die schnatternden und kreischenden Bewohner werden es danken.

Bosau　　DIE „PERLEN" DER HOLSTEINISCHEN SCHWEIZ

DIE "PERLEN" DER HOLSTEINISCHEN SCHWEIZ

An dieser Kirche kommt niemand vorbei, selbst wenn er sich für die Bauten des Klerus nur am Rande interessiert. Ein Besuch des Bosauer Gotteshauses gehört zum Standardprogramm einer Reise in die Holsteinische Schweiz. Um 1150 begann Bischof Vicelin mit dem Bau der imposanten Konstruktion – und er nutzte die natürlichen Materialien der Umgebung: Feldsteine, die es in allen Größen als Überbleibsel der Eiszeit reichlich gab. Der weithin sichtbare Turm stammt aus dem 17. Jahrhundert. Die Vorgängerkuppel fiel im 30-jährigen Krieg marodierenden Truppen zum Opfer. In der Neuzeit hat sich die Bosauer Feldsteinkirche als kulturelles Zentrum einen Namen weit über Ostholstein hinaus gemacht. Der dazugehörige Ort steht an Attraktivität seiner Kirche in nichts nach. Bosau mit der langgestreckten Bebauung am Ufer des Plöner Sees ist zwar kein Geheimtipp mehr, wird aber nur selten vom lärmenden Tagestourismus überrollt. Gepflegte Gastronomie, gemütliche Quartiere und der Blick auf das Plöner Schloss (Bildmitte oben) haben Bosau in der Tourismusbranche zum Erfolg verholfen.

Es gibt Wohnlagen in der Holsteinischen Schweiz, die sind an Ruhe und Beschaulichkeit kaum zu überbieten – wie beispielsweise im Plöner Ortsteil Stadtheide (kleines Bild oben). Die dicht beieinander liegenden Gewässer vom etliche Hektar großen See bis zum kleinen Teich sperren den Durchgangsverkehr aus, so dass Grundstücke mit Wasserzugang nach wie vor hoch gehandelt werden. Zu den von Durchreisenden schnell verkannten Größen gehört Ascheberg (darunter). Wer auf der nah am Ufer des Plöner Sees verlaufenden Bundesstraße 430 fährt, erkennt die Reize nicht, die sich aus der Vogelschau bestens präsentieren.
Als schönste und mit am besten erhaltene Gutsanlage Schleswig-Holsteins gilt Wahlstorf am Schwentinelauf. Entstanden ab 1469, wurde das adlige Anwesen zu einem musterhaften landwirtschaftlichen Betrieb. Anfang der achtziger Jahre ließ die heutige Besitzerin die wertvollen Gutsscheunen mit hohem Aufwand restaurieren. Dass die Anlage nach wie vor landwirtschaftlich genutzt wird, zeigen die in Reih und Glied abgestellten Anhänger: Wahlstorf ist eben mehr als nur eine Touristenattraktion.

DIE „PERLEN" DER HOLSTEINISCHEN SCHWEIZ *Der Bungsberg*

Im Gegensatz zum jahrhundertealten Herrenhaus Wahlstorf gehört Schloss Salzau zu den jüngeren Bauten: 1881 ließ Otto Graf Blome den Prachtbau errichten – und schuf damit ein riesiges Haus, das Architekturkritiker gern als zu groß und ausladend für die Umgebung einstufen. Nach diversen Besitzerwechseln in jüngerer Zeit kam die schleswig-holsteinische Landesregierung per Zwangsversteigerung an das mehr als 70 Meter lange Gebäude und machte es zum Landeskulturzentrum. Seitdem gilt es als „Herzstück des Schleswig-Holstein Musik-Festivals".

Im Bild daneben reckt sich der Fernmeldeturm auf Ostholsteins höchstem „Gipfel", dem Bungsberg, dem Flugzeug entgegen. Direkt neben dem hellen Riesenspargel lugt der Urahn gerade noch über die Baumwipfel hinweg – der steinerne Elisabethturm, heute nur noch ein Denkmal ohne technische Bedeutung. Der helle Kreis auf der Wiese links neben dem Sendemast ist der eigentliche „Bungsberg" – kenntlich gemacht durch ein künstlerisches Stein-Ensemble. Hier endet in schneereichen Wintern der einzige Skilift des Landes, der Scharen von Skiläufern den Hügel hinauf baggert.

Wer möchte, kann beim Rundflug über Ostholstein und die Holsteinische Schweiz seine Wendemarken an den Herrenhäusern ausrichten. Im Bild rechts außen gibt es ein besonders schönes Beispiel traditioneller Herrenhausarchitektur zu bewundern: Schloss Weißenhaus ist mit seiner vor ein paar Jahren installierten Gastronomie zu einem Ausflugsziel oberster Kategorie geworden. Eine Kaffeetafel im tiefgrünen Schlossgarten mit Blick auf die blaue Ostsee zählt für viele Großstädter zum bevorzugten Wochenendvergnügen.

Eher im Verborgenen blühen die Reize der Gutsanlage Kniphagen, hinter Bäumen versteckt neben der so genannten „Milchstraße" zwischen Schönwalde und Neustadt gelegen, auf der früher die Lastwagen ihre weiße Fracht von den Bauern zur Neustädter Molkerei transportierten.

Darüber ein Blick auf Schönwalde: Hier ist der Name Programm. Bereits 1965 wurde der Ort am Bungsberg als „Schönstes Dorf" ausgezeichnet. Schönwalde mit seiner Friedrich-Hiller-Schule (Bildmitte) und einer Reihe von Geschäften ist der ländliche Zentralort für die umliegenden Dörfer.

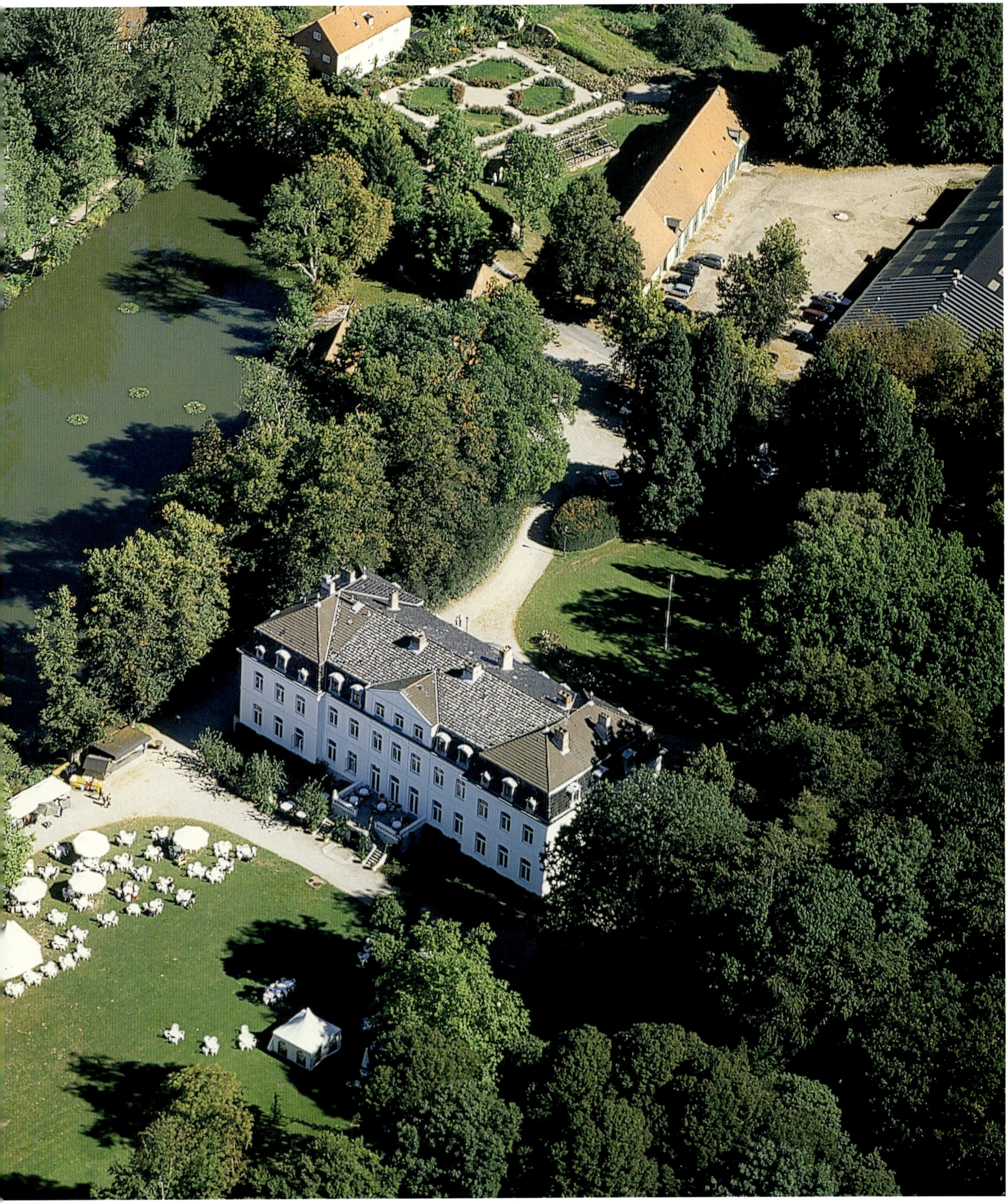

Zu den größten Attraktionen des Kreises Ostholstein zählt das Kloster Cismar von 1256 (kleines Foto oben). Die gesamte Anlage wurde behutsam restauriert, und in den Nebengebäuden siedelten sich Künstler aus verschiedenen Bereichen an. Auf eine lange Tradition kann inzwischen das „Cismarer Klosterfest" verweisen, das stets im August stattfindet und mit seiner Auswahl an Kunst, Kunsthandwerk und Unterhaltung zu den wenigen dauerhaft hochklassigen Veranstaltungen dieser Art gezählt werden darf. Ebenso lässt sich das Gut Hasselburg aus der Liste der gefragten Kulturtreffpunkte nicht mehr wegdenken. Längst hat sich die Hofanlage als Veranstaltungsort für niveauvolle Veranstaltungen verschiedener Kunstrichtungen einen Namen gemacht. Für Musikaufführungen wurde eigens eine ehemalige Scheune mit großem Aufwand zum Konzertsaal umgebaut.
Ein ungewöhnlich schönes Dorf auf der flachen Halbinsel Wagrien ist Neukirchen, das sich seinen historischen Ortskern mit der zur Kirche führenden Dorfstraße (unterer Bildrand links) erhalten hat. Das ehemals typische Bauerndorf wurde für viele Pendler zu einem gefragten Wohnort.

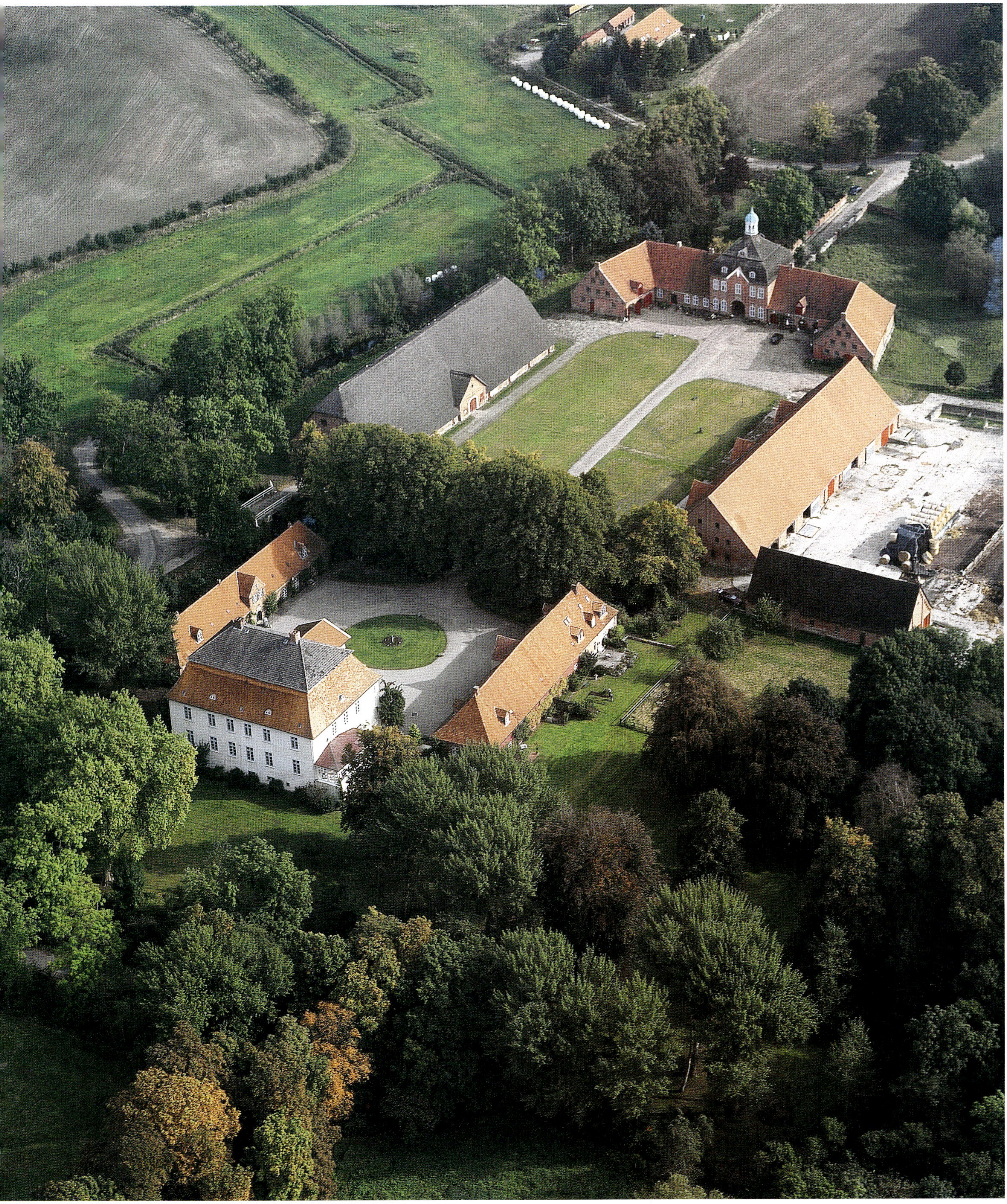

Herbststimmung am Kellersee: Nur aus dem Flugzeug heraus lassen sich manchmal solche Aussichten genießen, will der Betrachter nicht mit dem Gesetz in Konflikt geraten. Zwar führt ein öffentlicher Wanderweg von Bad Malente-Gremsmühlen aus in Seenähe bis nach Eutin – doch manchmal bleibt der direkte Zugang zum Wasser privaten Eigentümern vorbehalten. Trotz dieser kleinen Einschränkungen zählt die Umrundung des 5,6 Quadratkilometer großen und 28 Meter tiefen Kellersees zu den beliebtesten Herausforderungen für Wanderer. Wen auf dem langen Weg die Kondition verlässt, der kann die Etappen je nach Lust und Laune verkürzen. Zwischen Malente, Sielbeck und Eutin verkehrt die „Kellersee-Rundfahrt" mit ihren Ausflugsschiffen – und zwar fahrplanmäßig. Für Segler oder Kanuten hält der Kellersee übrigens manche unliebsame Überraschung parat: Wegen der hohen Böschungen am nördlichen und östlichen Ufer fegen nicht selten heftige Böen über die riesige Wasserfläche.

Am Kellersee

Ukleisee

DIE „PERLEN" DER HOLSTEINISCHEN SCHWEIZ

DIE „PERLEN" DER HOLSTEINISCHEN SCHWEIZ   *Gut Stendorf/Sielbeck*   **43**

Kein Verkehrslärm stört die Ruhe des einsamen Anglers auf dem sagenumwobenen Ukleisee: Dieses stille, von dichtem Wald umstandene Gewässer zählt zu den geheimnisvollsten der gesamten Holsteinischen Seenplatte. Dichter widmeten dem Ukleisee ihre Verse, und Heimatforscher wissen so manche Sage über ihn zu erzählen. Und wer ihn in weniger als einer Stunde zu Fuß umrundet, stört das beschauliche Bild kaum – der Wanderweg verschwindet geradezu unter dem Dach der Baumkronen.
Wer zum Ukleisee möchte, muss zuvor durch Eutins schönen Vorort Sielbeck (kleines Bild unten), einer Perle am Kellersee. Der Steg vor dem Uklei-Fährhaus wird an jedem Wochenende zum Treffpunkt der Urlauber, und immer mehr Reisende nutzen die zahlreichen Quartiere mit direktem Blick auf den See.
Völlig im Verborgenen blühen dagegen die Reize des schlossartigen Herrenhauses auf dem Gutshof Stendorf bei Kasseedorf. Von den umgebenden Straßen nicht einsehbar, liegt das weiße Gebäude in einiger Entfernung zu den riesigen Stallungen des landwirtschaftlichen Betriebes (Bild oben).

Der malerische Gutshof auf dem linken Bild ist vielleicht der bekannteste in ganz Deutschland – zumindest bei der älteren Generation. Nicht, weil er um so viel bedeutender wäre als die übrigen Gutsensembles, sondern wegen seiner Rolle als Fernsehkulisse: Die in den fünfziger Jahren überaus erfolgreichen und seitdem oft wiederholten Filme aus der „Immenhof"-Serie wurden auf Gut Rothensande bei Bad Malente-Gremsmühlen gedreht. Seitdem ist es mit der Öffnung für Besucher allerdings vorbei: Die schöne Anlage befindet sich in Privatbesitz.

In Teilen trifft das auch auf Gut Panker zu (Bild rechts), doch weite Bereiche dieses der Kurhessischen Hausstiftung gehörenden Hofes mit dem imposanten Herrenhaus stehen Spaziergängern offen. Eine Reise in die Holsteinische Schweiz ohne Abstecher nach Panker ist eigentlich undenkbar: Die Geschäfte im Umfeld des Gutshofes und die Gaststätte „Ole Liese" mit Blick auf den barocken Garten sind ein Muss für jeden Ausflügler. Und zu sehen gibt es nicht nur die hochherrschaftlichen Prunkbauten, sondern auch viele höchst interessante Reetdachhäuschen und Baumveteranen.

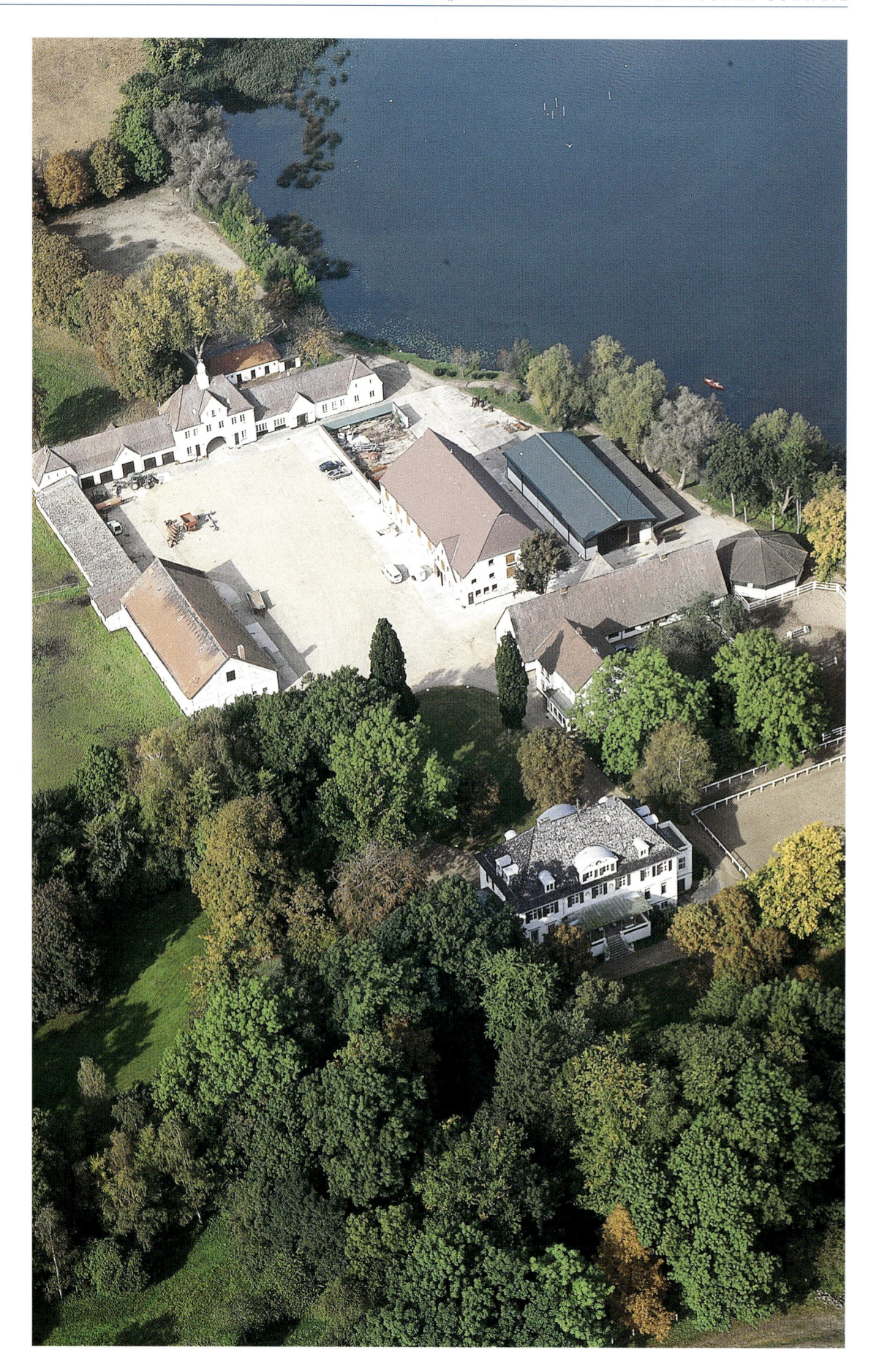

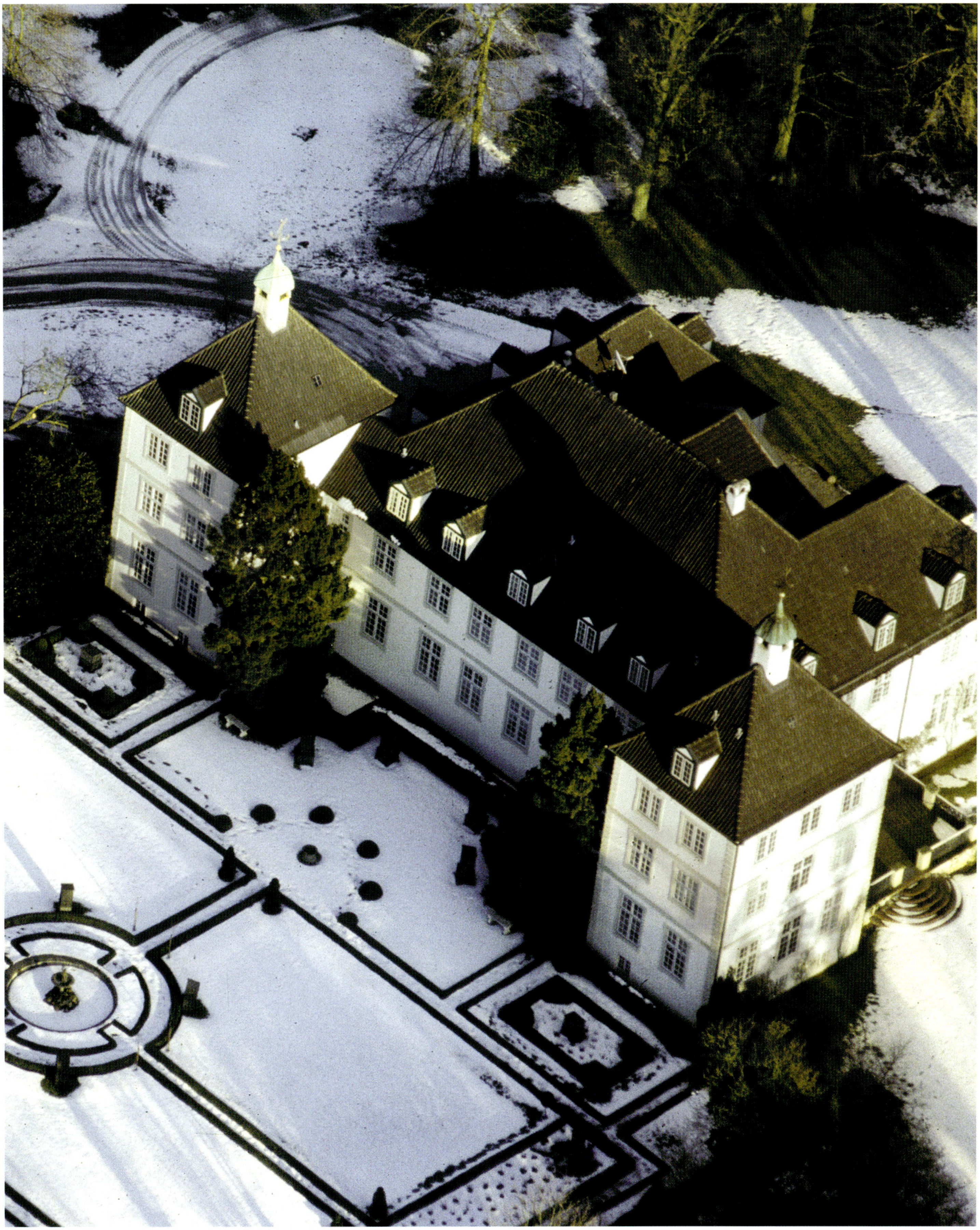

Nein, die Seen rund um Eutin sind nicht verschmutzt. Die grünen Schlieren gehören zum Sommer. Algenblüte nennen die Einheimischen die Verfärbungen. Gleich zwei Inseln werten den Großen Eutiner See auf (Bild rechts), die bewohnte Fasaneninsel (oben) und die – zumindest meistens – der Natur überlassene Liebesinsel darunter. Am oberen Bildrand links ist der kleine Liebestempel zu erkennen, auch heute noch ein beliebter Treffpunkt unmittelbar am Wasser. Das Haus auf der Fasaneninsel wurde vor einiger Zeit aufwändig restauriert. Die Bewohner erhielten von der Stadt die Genehmigung für etwas, das sonst streng untersagt ist: Sie dürfen mit einem Motorboot zwischen dem Anleger vor dem Haus des Gastes und ihrer Insel pendeln – in knackigen Wintern manchmal ein heikles Unterfangen.

Das linke Bild zeigt einen Mini-Hafen, um den die Betreiber immer wieder beneidet werden: In diese Bucht des Großen Eutiner Sees mit dem Seeschaarwald im Rücken haben sich die Mitglieder des örtlichen Anglervereins zurückgezogen. Von hier aus genießen sie ihre Ausflüge in die fischreichen Gebiete der großen Wasserfläche.

DIE „PERLEN" DER HOLSTEINISCHEN SCHWEIZ *Großer Eutiner See*

Die Ostseebäder – von familiär bis mondän

Weiße Schaumkronen auf den Wellen, knatternde Surfsegel in der steifen Brise – und über allem der Geruch von Sonnencreme. Wer einmal ein paar heiße Tage an der Ostsee verbracht hat, will immer wieder dorthin zurück. Die Reise im kleinen Sportflugzeug führt jetzt die blau-weiße Küste entlang, hin zu den familiären oder mondänen Badeorten der Lübecker und Hohwachter Bucht, ohne deren Existenz die Kreise Ostholstein und Plön nicht das wären, was sie sind: Führende Urlaubsziele einer ganzen Region. Zur Einstimmung hier zwei ganz besonders gelungene Naturschauspiele: Der Graswarder vor Heiligenhafen (rechts) bietet nicht nur typische Ferienhausarchitektur aus jener Zeit, als Urlaub noch Sommerfrische hieß, sondern auch eines der wertvollsten Vogelschutzgebiete Deutschlands. Und Dahmeshöved (oben), windumtostes „Kap" auf halber Strecke der Lübecker Bucht, gilt mit seinem Leuchtturm als Musterbeispiel eines Küstenortes.

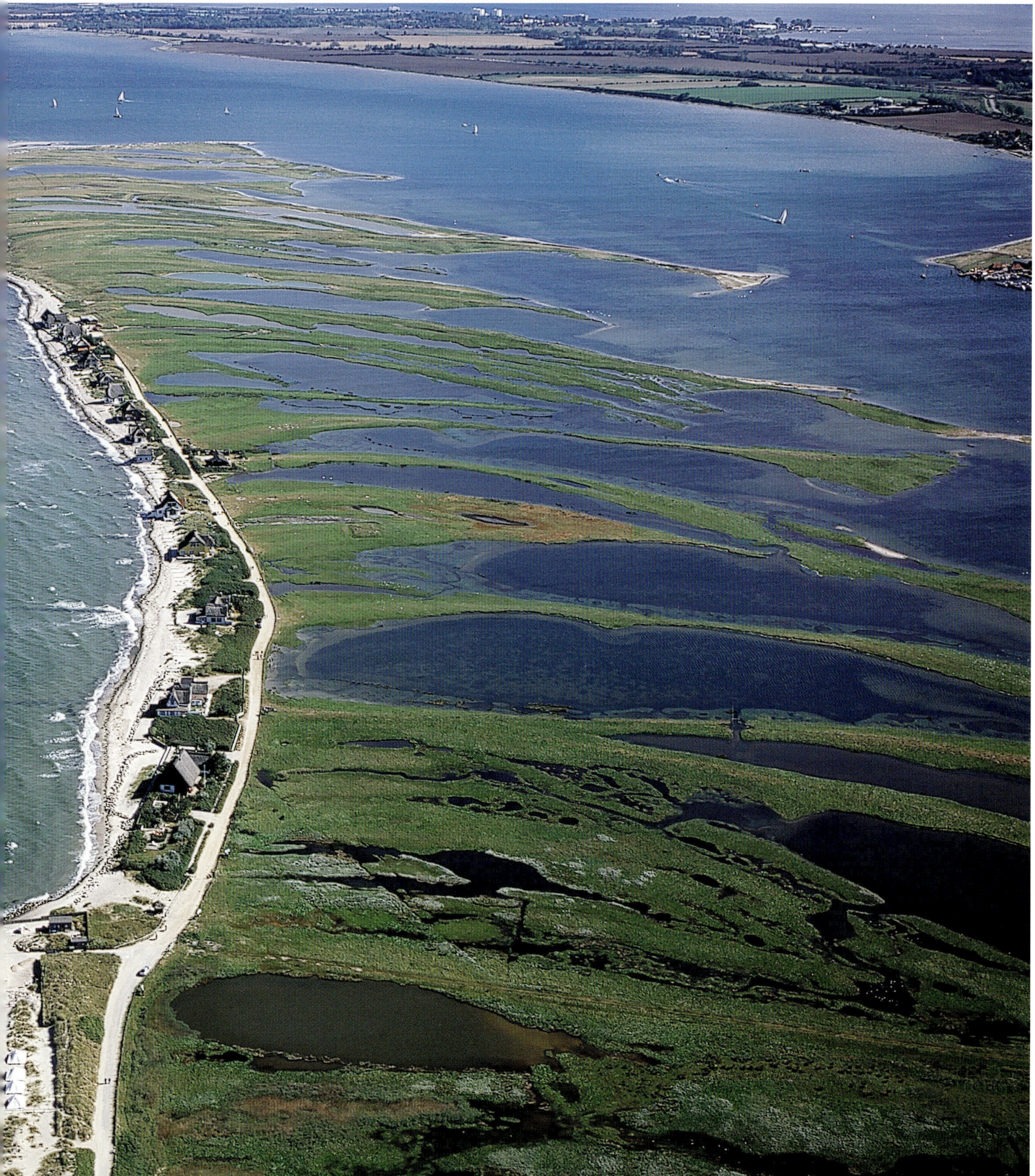

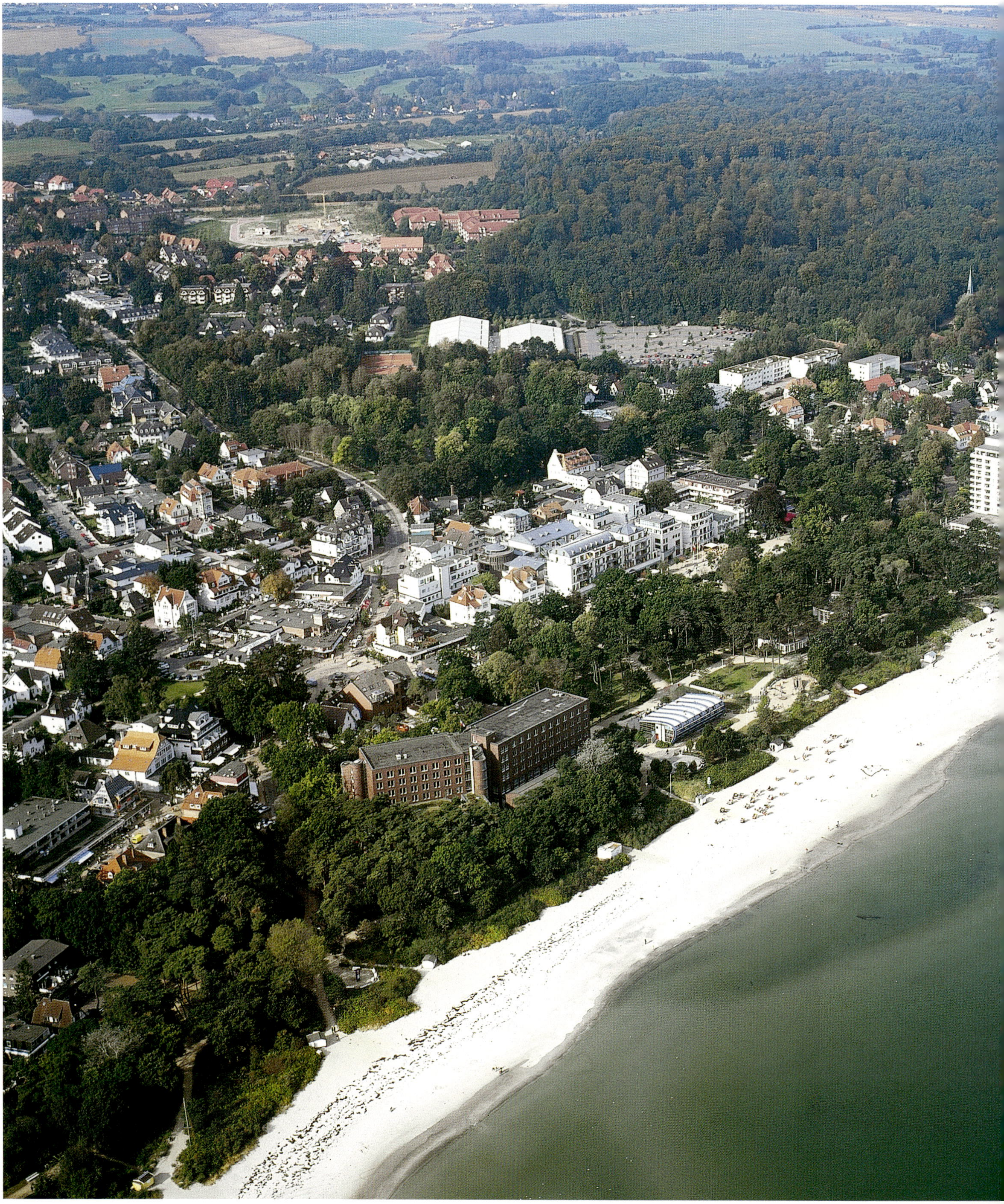

Manche nennen es Hamburgs schönsten Vorort, und wer sich sommers wie winters die Kennzeichen der geparkten Autos anschaut, könnte diese Bezeichnung für bare Münze nehmen: Timmendorfer Strand ist ohne Zweifel das führende Ostseebad. Unbehelligt von verändertem Urlauberverhalten, Trends zur Auslandsreise oder anderen Hemmnissen ging es im Hauptort und dem unmittelbar benachbarten Niendorf stetig bergauf. Besonders der Blick von oben zeigt sehr deutlich, dass die Geschäfte in Timmendorfer Strand florieren. Rechts das Maritim Golf- und Sporthotel, an der Seebrücke vorn das Maritim Seehotel. Deutlich zu erkennen sind auch der dunkelrote Backsteinbau der Curschmann-Klinik (vorn am Strand) und daneben das Sealife-Centre. Unterhalb der Eissport- und Tennishalle (Bildmitte links) strahlen die neuen Bauten in der Sonne, die die Kurpromenade säumen. Der breite, weiße Sandstrand ist alljährlich Treffpunkt der Beach-Volleyball-Elite. Wer es gern etwas ruhiger hätte, braucht nicht lange zu suchen: Timmendorfer Strand darf sich zu den „Bädern im Grünen" zählen – es gibt dichte Waldgebiete gleich hektarweise.

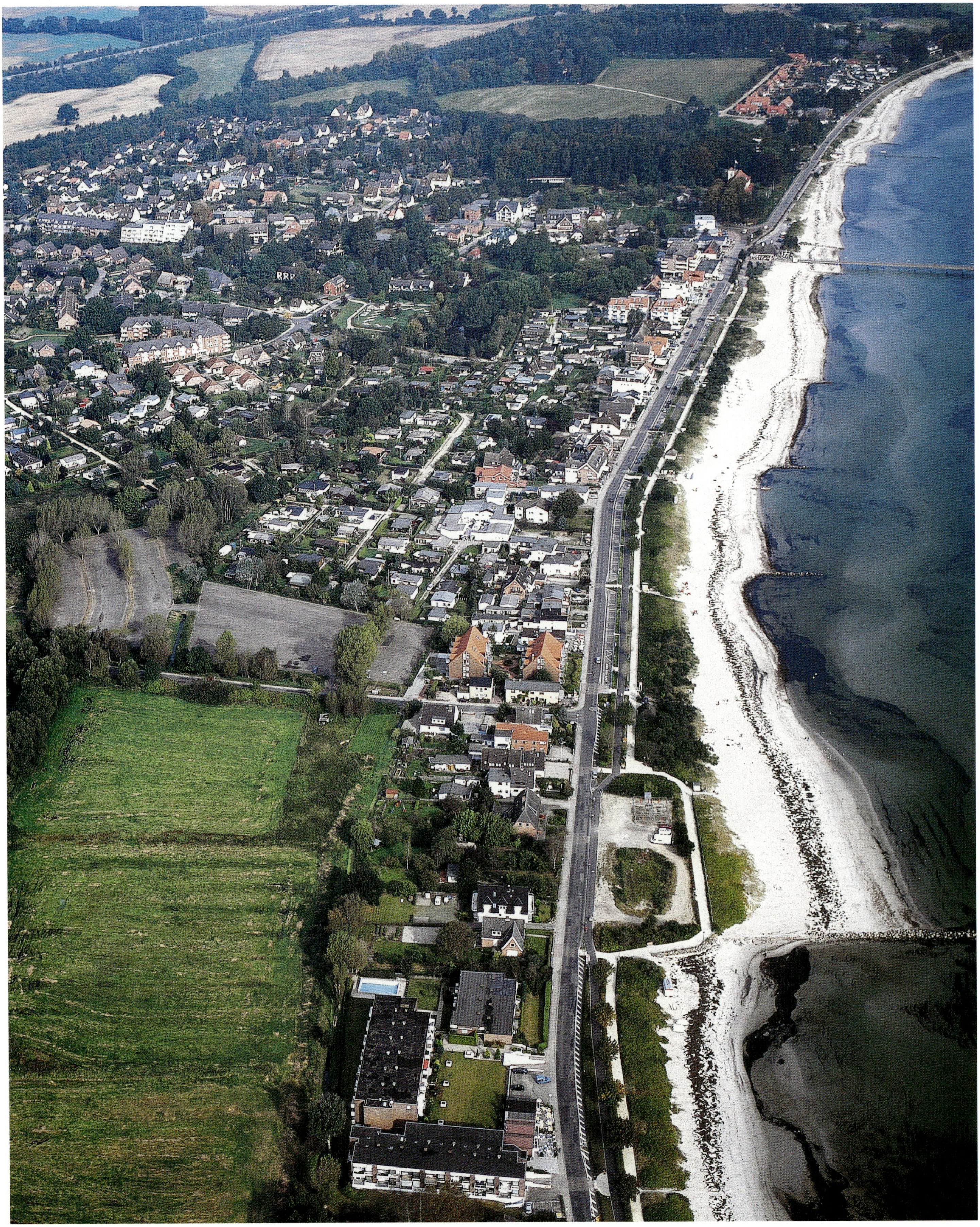

DIE OSTSEEBÄDER – VON FAMILIÄR BIS MONDÄN *Scharbeutz/Sierksdorf* **53**

Während die Timmendorfer zum mondänen Charakter ihres Ostseebades stehen, nennen sich die Haffkruger (großes Foto) gern das „Familienbad". Der zur Gemeinde Scharbeutz zählende Ort hat sich seinen Charakter als beschauliches Fischerdorf weitgehend bewahrt, und auch ohne eigenen Hafen zählt die Fischerei immer noch zu den aktuellen Berufen. Die touristisch orientierten Betriebe reihen sich entlang der Strandallee auf. Zu den Traditionsbädern an der Ostsee gehört auch Scharbeutz (kleines Bild oben), das sich zurzeit gerade über einen immensen Zustrom von Bauwilligen freuen darf – beim Überflug, im Vordergrund der Wennsee und der Bahnhof, sehr gut zu erkennen. Weiter nördlich über Haffkrug hinaus wird die sägezahnartige Küste Sierksdorfs zum Blickfang für Piloten und Passagiere. Mit Hilfe von Buhnen will man hier dem Sandklau einen Riegel vorschieben – Jahr für Jahr knabbern die Ostseewellen bei Sturm an der Steilküste. Hinter den Villen und dem Ferienzentrum aus den siebziger Jahren liegt der Hansapark, Deutschlands einziger Vergnügungspark am Meer.

Neustadt

DIE OSTSEEBÄDER – VON FAMILIÄR BIS MONDÄN

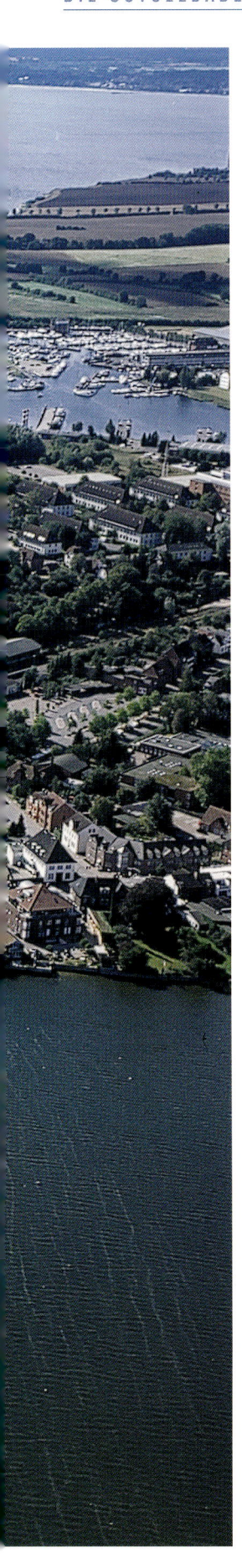

DIE OSTSEEBÄDER – VON FAMILIÄR BIS MONDÄN   *Neustadt* 55

Hier ist der Wassersport zu Hause: Neustadt bietet mit seinem kaum überschaubaren Angebot an Sportboothäfen und dem kommunalen Hafen aus der Luft einen phantastischen Anblick. Die Sonne scheint durch genau abgezirkelte Wolkenlöcher auf den Marktplatz und den runden Großparkplatz am Klosterhof (großes Bild), während sich der gesamte Hafen mitsamt der Brücke über das sich rechts unten anschließende Binnenwasser schattenfrei zeigt. Auf der rechten Seite fängt nicht nur der Turm eines Speicherbetriebes den Blick, sondern auch der „Tieftauchtopf" der Bundeswehr direkt dahinter. In dem in diesem Hochhaus installierten riesigen Schwimmbecken werden Taucher ausgebildet. Und noch einmal en detail (rechts oben und unten): Hier dreht sich alles um den Wassersport. Die gegenüberliegende Marinebasis hat allerdings in den Jahren seit der Wende erheblich an Bedeutung verloren.

Neustadt führt den Namen „Europastadt": Die „Internationale Trachtenwoche" zieht alle drei Jahre Tanzgruppen aus aller Herren Länder an, deren Darbietungen zu einer Touristenattraktion ohnegleichen geworden sind.

Grömitz

Grömitz gehörte schon immer zu den allerersten Adressen an der Ostseeküste, und daran hat sich bis heute nichts geändert. In einem Werbeslogan war einmal die Rede vom „Bad an der Sonnenseite", und wer sich den Strand von oben anschaut, kann erkennen, dass dieses Prädikat aufgrund der Himmelsrichtung durchaus zutrifft: Stundenlang scheint die Sonne von vorn oder leicht von der Seite auf den Strand – erst gegen Abend kommt sie praktisch „von hinten". Deutlich zu erkennen ist auf den Bildern der grüne Landesschutzdeich, der die meisten Häuser im Falle einer Sturmflut schützen soll. Die verheerende Sturmflut von 1872 und spätere nicht ganz so gravierende Hochwassersituationen haben gezeigt, dass mit der Ostsee nicht gespaßt werden sollte. Sie gilt zwar als zahme Schwester der wilden Nordsee, ist aber alles andere als eine – wie Spötter meinen – „nasse Wiese". Direkt am Strand entlang zieht sich die neue Promenade mit ihren immer wieder anders gestalteten kleinen Plätzen, die zum Verweilen einladen. Zum Anziehungspunkt hat sich auch der Sportboothafen entwickelt, der auf dem oberen kleinen Bild am Rand oben zu erkennen ist.

Grömitz

Wie flüssiges Silber spiegelt sich die Sonne in den Wellen der sommerlichen Ostsee – ein Anblick, der für Gäste aus dem Binnenland als Urlaubseindruck unvergesslich bleiben wird. Dahmeshöved heißt diese eindrucksvoll ins Meer gereckte Nase des Festlandes, und viele Jahrhunderte lang war sie ein tückisches Hindernis für die Schifffahrt. Doch nicht aus diesem Grund stehen die Leuchttürme dort gleich im Doppelpack: Vielmehr wurde das alte Türmchen 1879 durch eine modernere Konstruktion ersetzt. Und dann vergaß wohl jemand, das ausgebrauchte Leuchtfeuer abzureißen – zum Glück für das ein paar hundert Meter entfernte Ostseebad Dahme, das dadurch um eine interessante Kuriosität reicher wurde. Die Ecke mit der zerzausten Steilküste ist besonders bei Radfahrern als Etappenziel sehr beliebt, zumal von hier aus ruhige Wege in drei Himmelsrichtungen führen – nur nicht nach Osten.

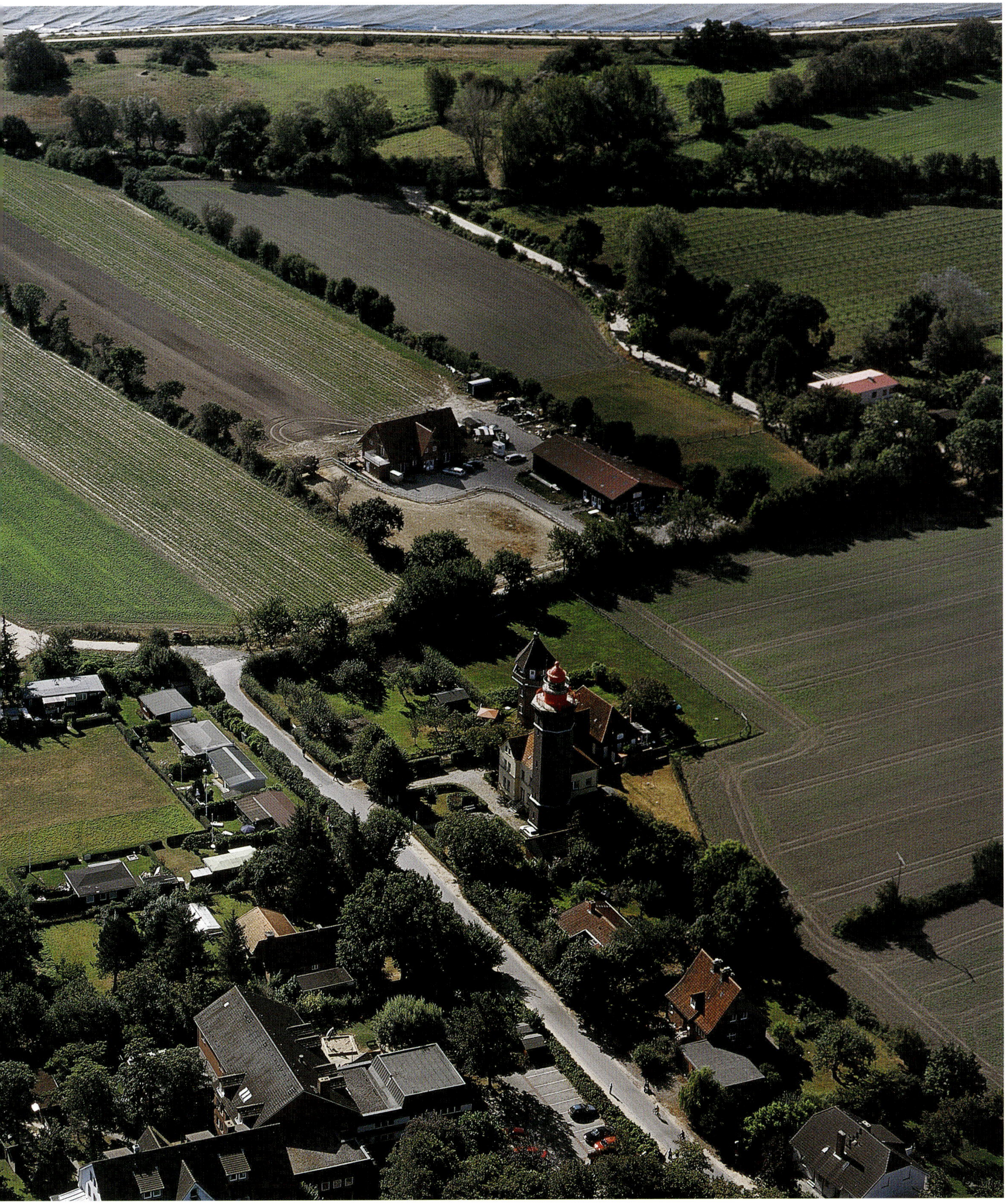

Dahmeshöved/Dahme

DIE OSTSEEBÄDER – VON FAMILIÄR BIS MONDÄN

DIE OSTSEEBÄDER – VON FAMILIÄR BIS MONDÄN *Kellenhusen/Seekamp Strand* **61**

Nach einem letzten Blick aus dem Cockpit auf die steinige Küste von Dahmeshöved geht der Flug in wenigen Sekunden ins Ostseebad Dahme selbst (links unten). Auch dieses Ostseebad wirbt mit seiner Familienfreundlichkeit. So sind denn auch der feine Sandstrand und die meist sanft anrollenden Wellen des Meeres ein idealer Spielplatz – nicht nur für die jüngsten Gäste. Die Hochhausarchitektur hält sich hier in Grenzen, Dahme hat seinen beschaulichen Charakter als Ferienort mit viel Grün bewahrt. Bereits ein paar Kilometer zuvor hatte sich ein weiteres „Familienbad" in die Perlenkette eingereiht: Kellenhusen (rechts oben). Wie in Dahme darf auch hier eine Seebrücke nicht fehlen, die sich weit hinaus in die Ostsee erstreckt. Wer Kurs hält, kommt nach ein paar Flugminuten an ein verblüffendes Fleckchen Erde: Seekamp Strand (rechts unten) gegenüber dem Großenbroder Binnenhafen zeigt sich als unübersehbare Zelt- und Caravanstadt, wie es sie in einer solchen Ausdehnung nur im Kreis Ostholstein gibt. In der durch eine natürliche Landzunge und einen künstlichen Wellenbrecher geschützten Bucht dümpeln Hunderte von Booten in der Dünung.

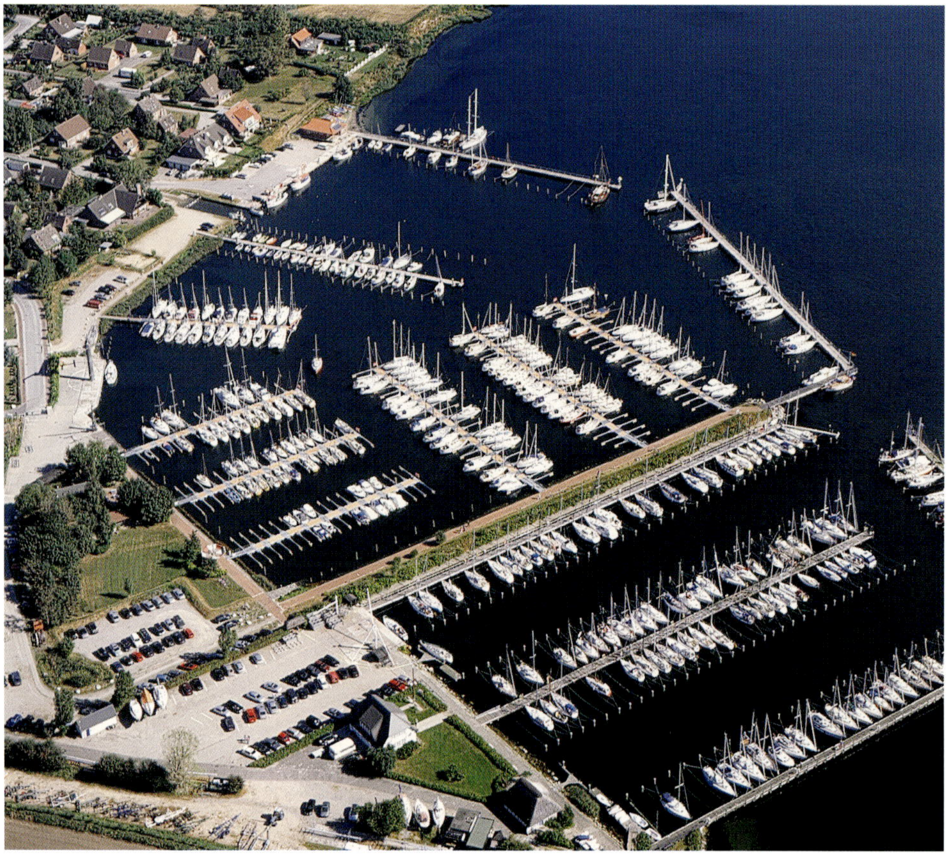

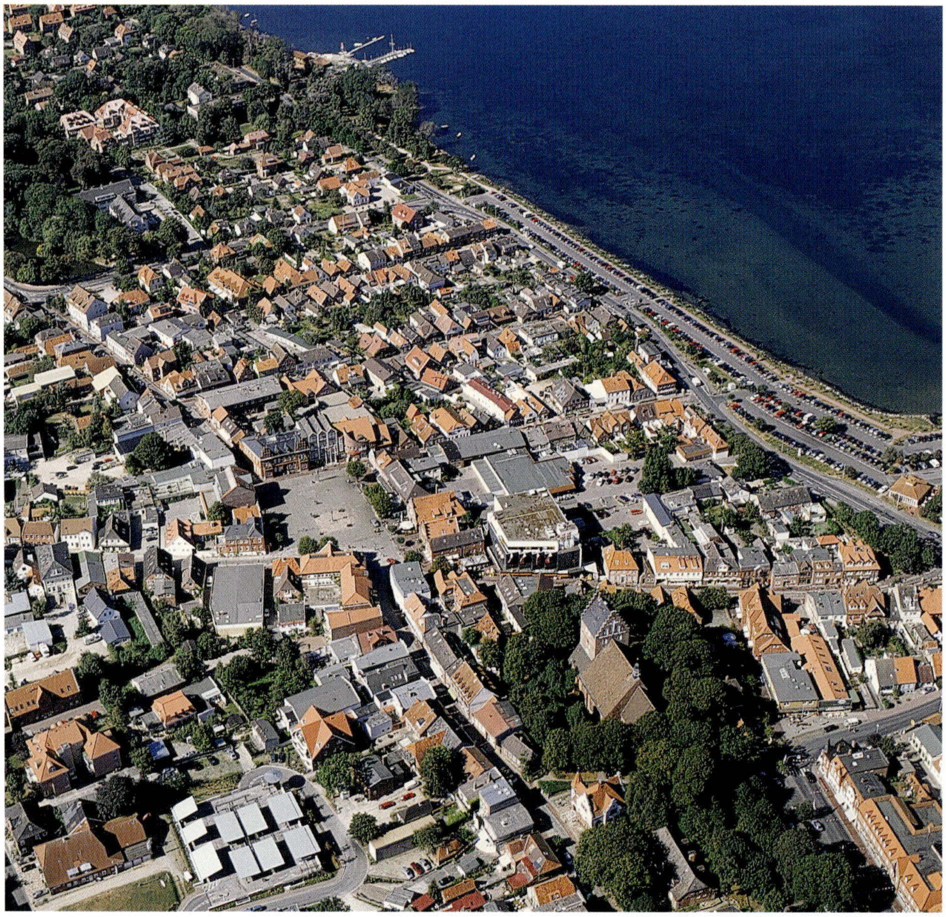

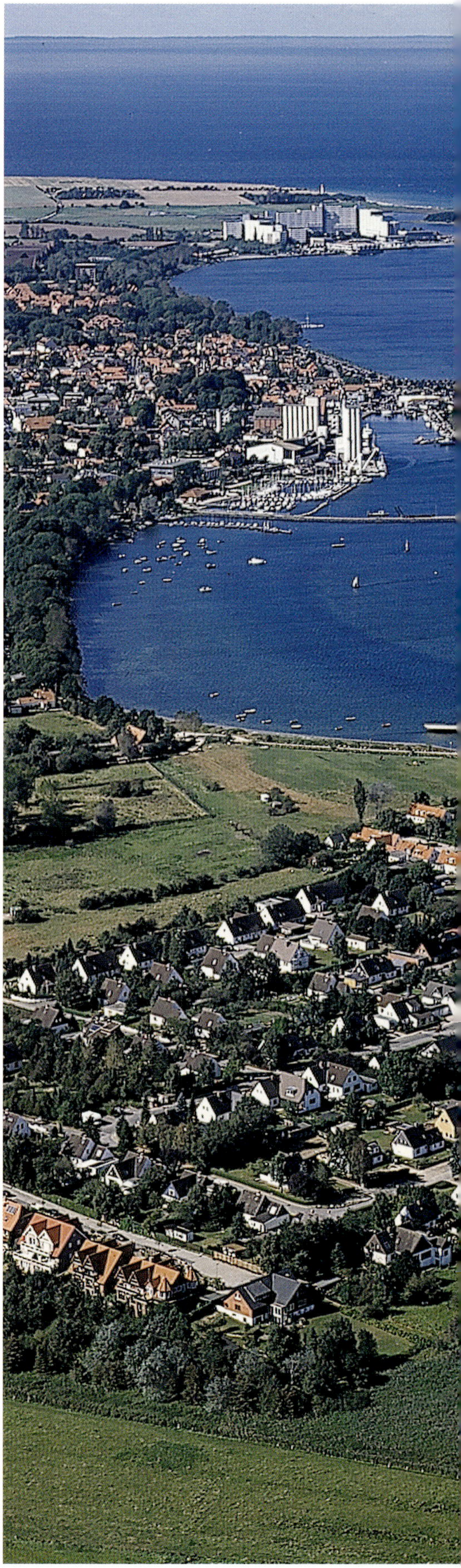

DIE OSTSEEBÄDER – VON FAMILIÄR BIS MONDÄN   *Heiligenhafen* **63**

Eine steile Kurve, dann schwenkt das Flugzeug über den Großenbroder Sportboothafen (oben links), um dann das weiter westlich liegende Heiligenhafen anzusteuern – jene Stadt, der Theodor Storm seine Novelle „Hans und Heinz Kirch" gewidmet hat. Doch daran erinnern in der Warderstadt nur noch ein paar verschwiegene Altstadtgassen. Heiligenhafen mit seinem Vorort Orthmühle (großes Bild) mit der markanten Schiffswerft zeigt sich von seiner besten Seite. Rechterhand das Vogelschutzgebiet Graswarder, das für Spaziergänger tabu ist, dann der Steinwarder, auf dem sich in der Saison die Gäste drängen. Bis Ende der sechziger Jahre waren die beiden Warder und die Altstadt durch eine weiße Holzbrücke verbunden, dann kam der Straßendamm mit den angrenzenden Häfen für Sportboote und Ausflugsschiffe. Unmittelbar neben den hohen Speicherbauten liegt rechts der Kommunalhafen, der auch heute noch als Ausgangspunkt für Angelkutter, Fischerboote und Getreidefrachter seine Bedeutung hat. Im kleinen Bild links unten ein herrlicher Blick auf die Altstadt mit dem Marktplatz und der Kirche mit ihrem typischen Treppengiebel.

64 *Heiligenhafen/Weißenhäuser Strand*   DIE OSTSEEBÄDER – VON FAMILIÄR BIS MONDÄN

DIE OSTSEEBÄDER – VON FAMILIÄR BIS MONDÄN
Hohwacht

Zum Abschied von Heiligenhafen noch ein letzter Blick auf zwei Bauwerke aus verschiedenen Epochen (kleines Foto oben): In der Bildmitte die Blocks der ehemaligen Wehrmachtskaserne, die seit den fünfziger Jahren als psychiatrisches Krankenhaus genutzt werden. Dahinter links das zwischen 1968 und 1970 entstandene Ferienzentrum – Beweis für den Bauboom, der nicht nur Ostholsteins Küsten die Hochhausära bescherte. Nicht ganz so hoch trieben es die Architekten nur wenige Jahre später am Weißenhäuser Strand. Die dortige Ferienanlage (kleines Foto unten) gilt bisher als Musterbeispiel, dass ein solcher Komplex über längere Zeit mit Erfolg betrieben werden kann. Am linken Bildrand ist ein Freizeitpark zu erkennen, der in jüngerer Zeit geschaffen wurde. Das große Foto zeigt eines der beliebtesten Ostseebäder im Kreis Plön: Hohwacht. Es präsentiert seine Häuser nicht aufgereiht am Küstenstreifen entlang, sondern auf einem fast sternförmigen Landvorsprung aus Sandstrand und Steilküste. Und wenn Sonne und Wind so gute Bedingungen schaffen wie zum Zeitpunkt der Aufnahme, wird jeder Urlaubstraum zur Realität.

Der „Knust" – Deutschlands Sonneninsel

Angeblich gibt es auf Fehmarn weder Maulwürfe noch Schlangen – doch das wird kaum der Grund dafür sein, dass Deutschlands zweitgrößte Insel zu einer Touristenattraktion geworden ist. Bis 1963 fuhren die Insulaner „nach Europa", wenn sie sich von der altersschwachen Fähre über den einen Kilometer breiten Sund zum Festland übersetzen ließen. Dann war der „Kleiderbügel" fertig – jene imposante Hochbrücke, deren Baustil weltweit viele Nachahmer finden sollte. Der Fremdenverkehr ist nur eines von mehreren Standbeinen auf dem „Knust", wie Fehmarn im Insider-Jargon heißt: Riesige Kohlfelder und beste Getreideböden sicherten den Bauern schon immer ein gutes Einkommen. Die Hoteliers und Kleinvermieter hadern traditionell mit den TV- und Radiostationen: Deren Wetterberichte stimmen meistens nicht. Der Fehmarnsund wirkt wie eine Wetterscheide – wenn es auf dem Festland regnet, scheint auf der Insel noch immer die Sonne.

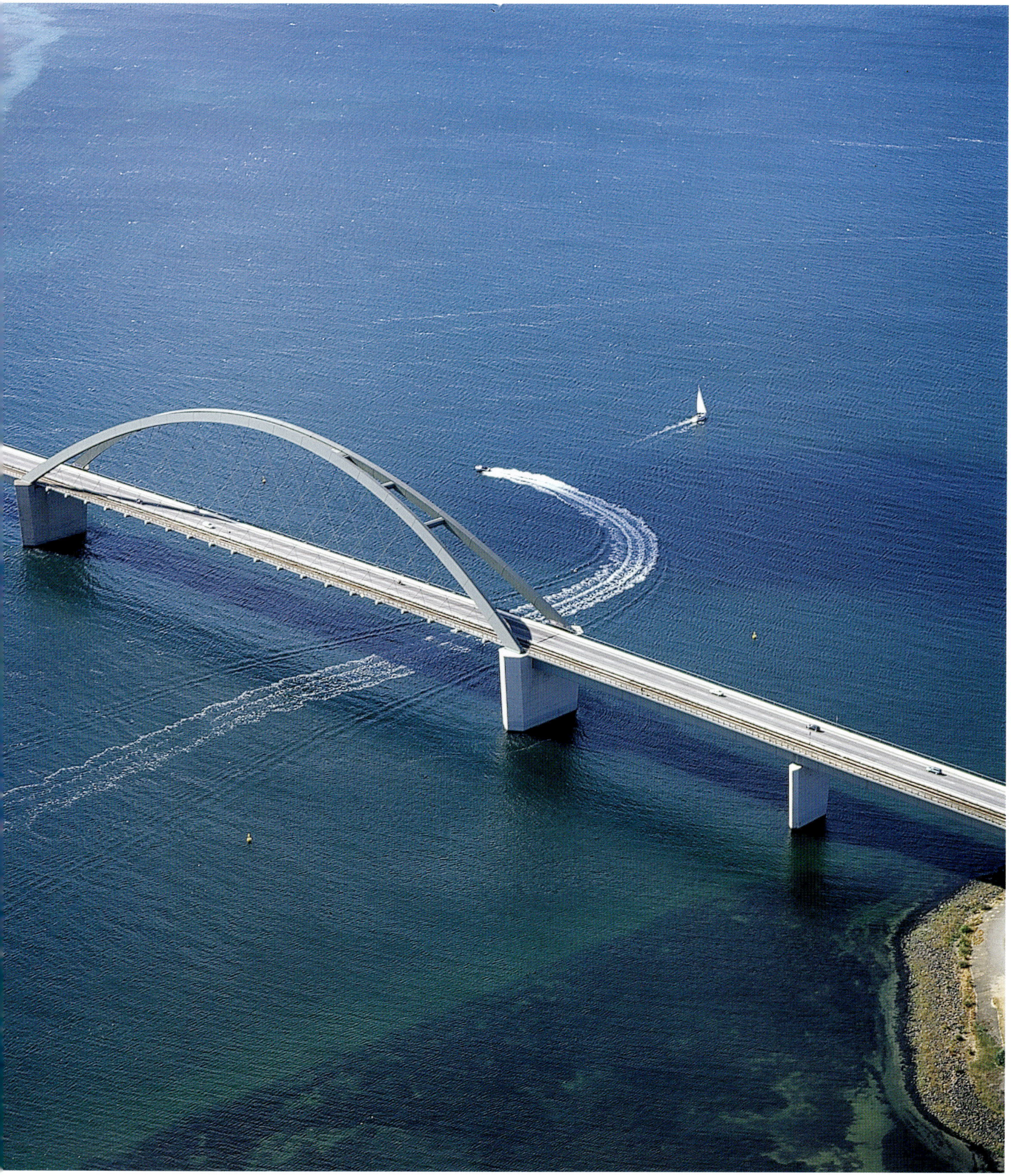

Für jeden Geschmack etwas bieten – nach diesem Motto verfährt die fehmarnsche Tourismuswirtschaft. Im Vordergrund liegt der Campingplatz „Wulfener Hals", ein Vorzeigebetrieb mit allem erdenklichen Komfort, der stets in europaweiten Wettbewerben unter den Besten der Branche mitmischt. Da ist es nur selbstverständlich, dass für die Bewohner der Anlage ein Golfplatz in landschaftlich schönster Lage zur Verfügung steht. Die durch eine lange Landzunge vor hohen Wellen geschützte und ungewöhnlich flache Bucht bietet Surfern optimale Bedingungen zur Verbesserung ihrer Fähigkeiten. Wer zum Profi-Lager zählt, sucht sich sein Revier nach dem Passieren der Burgstaakener Hafeneinfahrt auf der freien Ostsee (rechts). In Sichtweite der Hochburg für mobile Gäste auf dem besagten Wulfener Hals liegt gegenüber das Ferienzentrum Burgtiefe mit breitem Sandstrand, aktueller Infrastruktur, einem großen Sportboothafen und allem, was der moderne Reisende verlangt. Schon seit den siebziger Jahren zählt die bis weit nach Wagrien hinein sichtbare Anlage zu den festen Größen des Urlaubergeschäftes.

DER „KNUST" – DEUTSCHLANDS SONNENINSEL

Burgtiefe

Burgtiefe

Man mag zu dieser Art von Ferienunterkünften stehen wie man will – eines können auch Architekturkritiker den Planern des Ferienzentrums Burgtiefe nicht absprechen: Jede Wohnung in den drei Hochhaustürmen bietet einen herrlichen Blick auf die freie Ostsee (großes Foto links). Und wem die Witterung ausnahmsweise einmal nicht zusagt, der kann jederzeit unter riesigen Glasdächern flanieren, einkaufen oder sich von gepflegter Gastronomie verwöhnen lassen. Natürlich gehört auch eine Schwimmhalle – das Gebäude mit den schrägen Balken auf dem Dach hinter den drei Türmen – zum üblichen Angebot. Und wer sich inmitten all dieser modernen Gastlichkeit für Geschichtliches interessieren sollte, wird ebenfalls fündig: In unmittelbarer Nähe der Hotelbauten ducken sich ein paar Mauerreste unter grünem Wildwuchs zusammen – die Burgruine Glambeck. Ihr wird nachgesagt, vom legendären Seeräuber Klaus Störtebecker als Unterschlupf genutzt worden zu sein. Bis in die Gegenwart hinein zählt der unscheinbare Zeitzeuge zum Pflichtprogramm vieler Schulausflüge.

Burger Binnensee/Burg

DER „KNUST" – DEUTSCHLANDS SONNENINSEL

DER „KNUST" – DEUTSCHLANDS SONNENINSEL　　　　　　　　　　　　　　　　　*Orth/Lemkenhafen*　　73

Der Sportboothafen von Orth (Bild oben rechts) gilt mit seinen weit in den Sund hinaus ragenden Molen als besonders beliebter Anlaufpunkt für Segler und Yachties. Doch erst aus dem Flugzeug wird die Schönheit dieser kühnen Konstruktion so richtig deutlich. Etwas weiter östlich liegt Lemkenhafen (Bild unten rechts), das ebenfalls bei Wassersportlern einen hervorragenden Ruf genießt. Die Flachwasserbuchten vor und hinter dem Hafen zählen wie der Burger Binnensee vor dem Wulfener Hals (links oben) zu den gefragtesten „Surf-Spots" der Ostseeküste. Wer genug hat vom Surfen, Segeln oder nur Zuschauen, findet in der Altstadt von Burg (links unten) alle Möglichkeiten zur Entspannung. Die Inselmetropole hat ihren altertümlichen Charme aus jener Zeit gerettet, als die Bauern der Insel in den Gasthäusern am Markt noch ihren berüchtigten „Mark-Skat" droschen. Dabei soll der Überlieferung nach so manche Existenz ruiniert worden sein. Neuerdings müssen Fehmarn-Reisende umlernen: Nach einer Verwaltungsreform ist ab sofort die Rede von der „Stadt Fehmarn". Aber wirklich interessieren dürfte dies wohl nur die Kommunalpolitiker.

Noch gilt der Fährhafen Puttgarden (großes Bild) als ein wichtiges Tor nach Skandinavien. Von hier aus verkehren die großen Fährschiffe in Richtung Rödbyhavn auf der dänischen Insel Lolland. Im Puttgardener Hafenbecken liegt links ein schwimmendes Kaufhaus, das „Portcenter", das früher in Rostock am Kai lag und zur Versorgung der Bevölkerung diente. Das Schicksal des Fährhafens ist ungewiss – immer lauter werden die Stimmen nach einer so genannten „festen Querung", sei es nun per Tunnel oder als Brücke. Gegner des Vorhabens warnen vor Arbeitsplatzverlusten und Umweltzerstörung. Apropos Umwelt: Neben der schleswig-holsteinischen Nordseeküste verfügt Fehmarn bundesweit über die größte Dichte an Windkraftanlagen zur Erzeugung regenerativer Energien, wie hier bei Bannesdorf (links oben). Die Nordküste der Insel gehört zu den ökologisch besonders schützenswerten Bereichen. In den Brackwasserbereichen – jenen Gebieten, in denen sich salziges Ostseewasser mit dem Grundwasser mischt – haben sich viele seltene Tierarten angesiedelt (links unten). Entsprechend restriktiv sind die Bestimmungen über eine Nutzung der Landschaft.

DER „KNUST"– DEUTSCHLANDS SONNENINSEL

Was der Nordseeküste ihr Westerhever Sand, ist für Fehmarn der Flügger Leuchtturm (rechts oben). Das leuchtend rot-weiße Gebäude am äußersten westlichen Rand der Insel ist nicht nur vom gegenüberliegenden Heiligenhafener Festland gut zu erkennen, sondern dient sowohl zu Lande als auch auf dem Meer als Fixpunkt. Wobei das Leuchtfeuer natürlich seit langer Zeit vollautomatisch zentral gesteuert wird. Nur ein paar hundert Meter vom Leuchtturm entfernt fand im September 1970 bei furchtbarem Herbstwetter das legendäre Fehmarn-Rockfestival statt, auf dem Jimi Hendrix vor Tausenden von Fans sein letztes öffentliches Konzert gab – wenige Tage, bevor er in London starb. Das Bild oben links zeigt den Salzensee bei Westermarkelsdorf, ein dem Schutzdeich vorgelagertes Biotop, von denen es auf der Insel so viele gibt. Etwas weiter südlich schließt sich das Vogelreservat Wallnau an, das es in den vergangenen zwei Jahrzehnten zu internationaler Bedeutung gebracht hat. Die beiden übrigen Fotos sind weiterer Beweis, dass sich die Insulaner nicht nur um ihre menschlichen Gäste kümmern, sondern auch Fauna und Flora viel Lebensraum überlassen.

DER „KNUST" – DEUTSCHLANDS SONNENINSEL

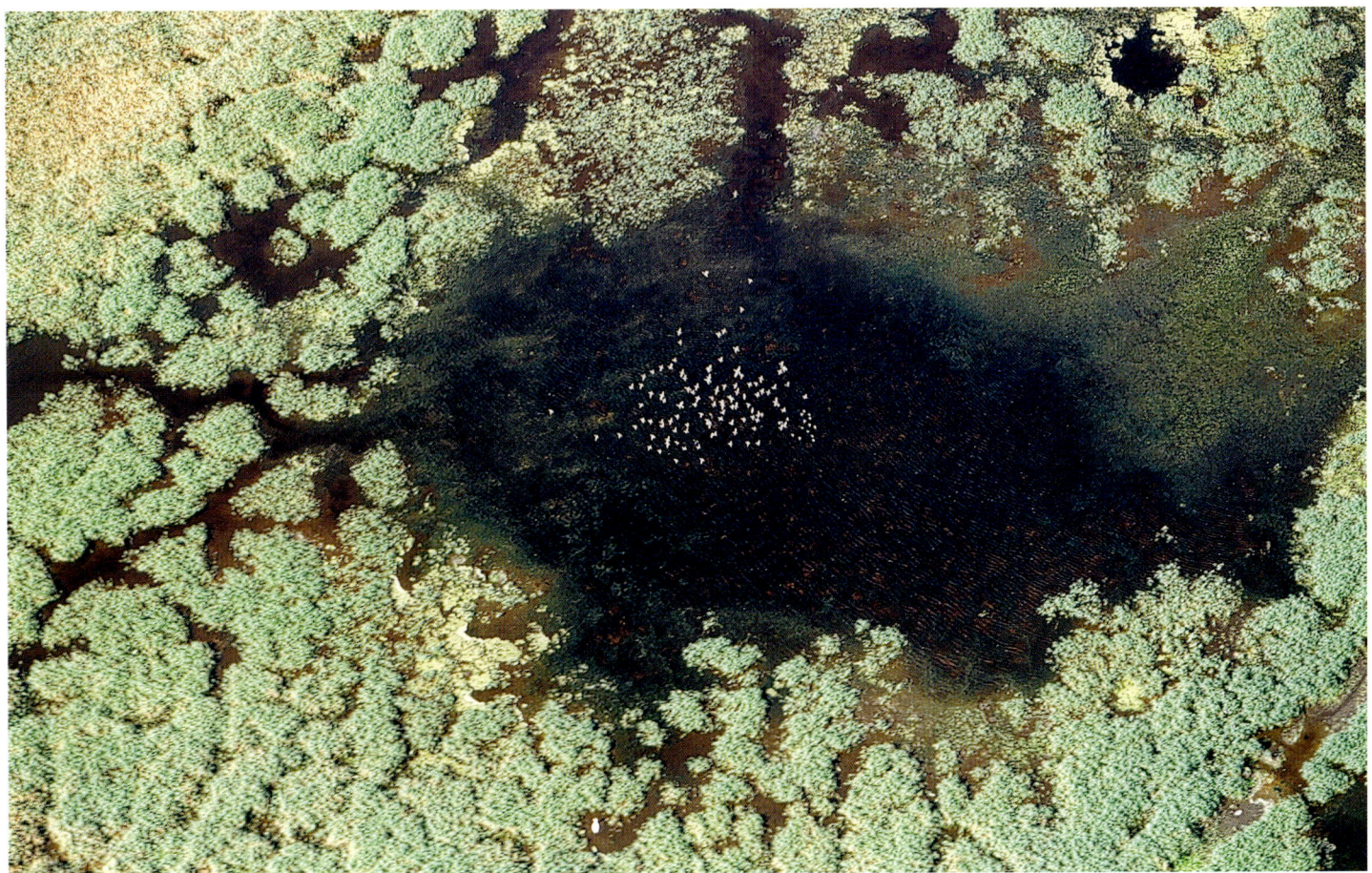

Flügger Leuchtturm 77

Wer mit einem Flugzeug in niedriger Höhe über der Insel Fehmarn seine Runden dreht, wird an vielen Punkten Überbleibsel aus früherer Zeit erkennen – wie das alte Schöpfwerk auf dem Foto links. Zur Entwässerung ihrer durchweg flach gelegenen Ländereien nutzten die Bauern nach holländischem Vorbild die Windkraft. Daran hat sich an manchen Orten bis heute nichts geändert. Im Bild rechts schließt sich der Kreis der Rundreise: Vor uns zeigt sich der „Krummsteert", der krumme Schwanz also – letzter Zipfel Fehmarns. Ähnlich wie der ein paar Kilometer entfernt gegenüber liegende Graswarder vor Heiligenhafen wurde diese Landzunge als Naturschutzgebiet ausgewiesen und ist daher für Menschen tabu.

Die technischen Errungenschaften der Neuzeit bieten den Insulanern jetzt endlich auch eine Möglichkeit, ungenauen Wetterberichten ein Schnippchen zu schlagen: Per Internet und Webcam können sich potenzielle Urlauber davon überzeugen, dass Fehmarn tatsächlich mehr Sonnenstunden bietet als der Rest der Republik – und die weißen Wolken wirklich einen so schönen Kontrast zum blauen Wasser bilden wie auf dem letzten Foto.

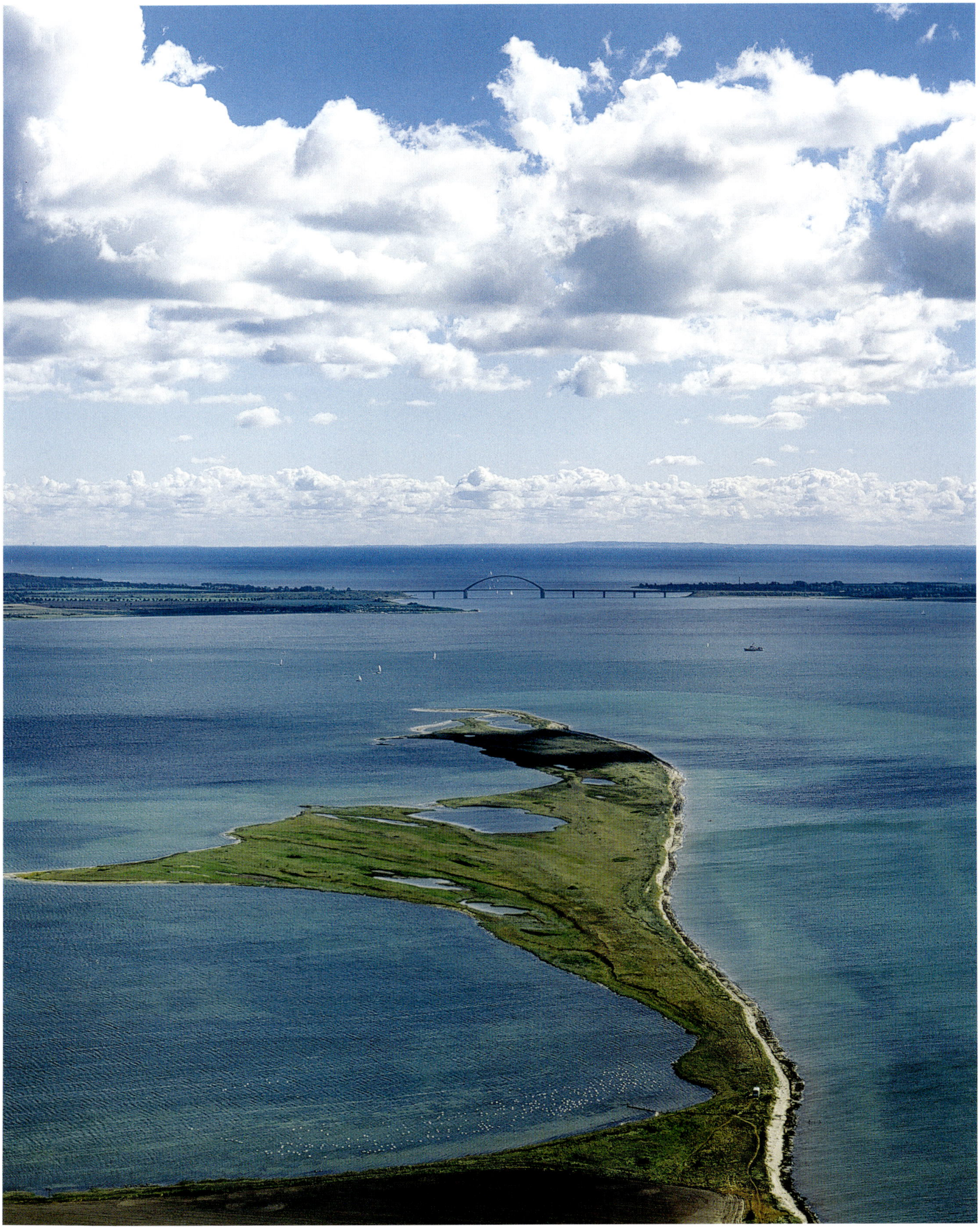

Ortsregister

Ascheberg 20, 32
Bad Malente-Gremsmühlen 18, 19, 40, 44
Bannesdorf 74
Bosau 20, 30, 31
Bungsberg 7, 35
Burg 72, 73
Burger Binnensee 72, 73
Burgtiefe 68–71
Dahme 58, 60, 61
Dahmeshöved 48, 58–61
Dersau 20
Dieksee 19
Eutin 8–13, 40, 46
Fehmarn 66–79
Flügger Leuchtturm 76, 77
Grömitz 56, 57
Großenbrode 62, 63
Großer Eutiner See 46, 47
Gut Hasselburg 38, 39
Gut Kniphagen 36
Gut Panker 44, 45
Gut Rothensande 44
Gut Stendorf 43
Gut Wahlstorf 28, 32, 33
Haffkrug 52, 53
Hansapark 53
Heiligenhafen 48, 62–65
Hohwacht 65
Kasseedorf 43
Kellenhusen 61
Kellersee 19, 40, 41, 43
Kloster Cismar 38
Koppelsberg 22, 23
Krummsteert 78, 79
Lanker See 28
Lemkenhafen 73
Lensahn 14
Lütjenburg 16, 17
Neukirchen 38
Neustadt 36, 54, 55
Niendorf 51
Oldenburg 14, 15
Orth 73
Orthmühle 63
Plön 19, 20, 28
Plöner See 20, 21, 22, 24, 28, 31, 32
Preetz 24–28
Prinzeninsel 20, 24
Puttgarden 74, 75
Scharbeutz 53
Schloss Salzau 34, 35
Schloss Weißenhaus 36, 37
Schönwalde 36
Schwentine 24, 28, 32
Seekamp Strand 61
Sielbeck 40, 43
Sierksdorf 53
Stadtheide 32
Timmendorfer Strand 50, 51
Ukleisee 42, 43
Vogelberg 16
Weißenhäuser Strand 64, 65
Wennsee 53
Westermarkelsdorf 76
Wulfener Hals 68, 73

Fotonachweis

Gisela Floto (aus: „Luftschlösser" in Schleswig-Holstein): Seiten 19 unten und 45
Matthias Friedel: alle übrigen Fotos

Impressum

© 2003 by Convent Verlag GmbH, Hamburg
Gestaltung: Peter Albers
Satz und Reproduktion: KCS GmbH, Buchholz/Hamburg
Druck und Bindung: Druckerei zu Altenburg GmbH, Altenburg
ISBN 3-934613-49-7